Thomas Frohsinn Küssende Männerherzen

Thomas Frohsinn ist ein Pseudonym, unter dem ein deutscher Autor erstmals seinen homosexuellen Gefühlen freien Lauf lässt.

Thomas Frohsinn

Küssende Männerherzen

Homosexuelle Liebesgedichte

Herstellung und Verlag: BoD – Books on Demand,
Norderstedt
Printed in Germany
ISBN 9783751914819
Titelfoto: Thomas Frohsinn

Vorwort

Es sind viele Geschichten und Gedichte zum Thema Liebe geschrieben worden. Fast allen ist gemein, dass es darin um die Zuneigung zwischen heterosexuellen Personen geht. Die Welt besteht jedoch nicht nur aus dieser Gruppe von Menschen, sondern es gibt auch Leute mit homosexuellen Gefühlen. Diese finden sich gerade in der Liebeslyrik sehr selten wieder. Das ist schade, denn auch sie haben Gefühle, die von der Lyrik viel zu oft ignoriert werden. Dabei erfreuen sich Homosexuelle ebenso gerne an der Poesie wie Heterosexuelle. Um wie viel schöner muss der Genuss von Lyrik sein, die sich dem eigenen Empfinden widmet?

Vor diesem Hintergrund habe ich zahlreiche Gedichte geschrieben, die sich der Homosexualität mit ihren Freuden, ihren Tiefpunkten und ihren Zweifeln widmen – denn die Verkäuferin anzuflirten ist einfach, aber das als Mann bei einem Mann zu tun kann gefährlich werden.

Die in diesem Band versammelten Gedichte sind in drei verschiedenen Stilen geschrieben: Zum einen entsprechen sie dem bekannten Aufbau der vorherrschenden Lyrik inklusive der ‚Neuen Lyrik', zum anderen sind sie im Stile von japanischen Haiku geschrieben, bei denen siebzehn Silben auf drei Zeilen verteilt werden (5-7-5). Damit werden insbesondere Details in den Fokus des Betrachters gerückt, weniger die großen Zusammenhänge. Auch ein Haibun hat sich eingeschlichen, also eine subjektive Betrachtung, die von einem Haiku zusammengefasst wird.

Manche meiner Gedichte sind etwas deftig geraten, aber auch die homosexuelle Erotik hat mehrere Facetten. Ich hoffe, dass Dir, geneigter Leser, meine Gedichte gefallen. Ich wünsche jedenfalls viel Vergnügen beim Lesen!

Deutschland, im April 2020

Küssende Männerherzen

Ich ziehe mich aus,

zum ersten Mal vor Männern.

Alle schauen zu.

***

Stürmische Küsse,

sanfte Streicheleinheiten.

mein Po ist bereit.

***

Du stehst hinter mir,

zwirbelst meine Brustwarzen.

Lust durchflutet mich.

***

Auf dem Olymp des Lebens

Dein Körper ist für mich ein Augenschmaus,
dein sanftes Wesen mein Seelenbalsam,
du bist der Mittelpunkt meines Daseins,
bei dir fühl ich mich wohl und geborgen.

Wenn wir dann vereint der Liebe frönen
und du dich hingibst voller Leidenschaft,
glaub ich mich auf dem Olymp des Lebens,
fühle ich mich eins mit der ganzen Welt.

Dann ist vergessen all mein Anderssein,
die Sehnsucht nach eines Mannes Liebe
erfüllst du mit deinen Zärtlichkeiten,
lässt mich vergessen die Pein des Alltags.

Doch manchmal muss man hinaus in die
Welt,
die oft feindlich ist für Männerliebe,
umso schöner ist dann meine Rückkehr
in deine Arme, auf meinen Olymp.

***

Laszives Räkeln,

mein Körper sehnt sich nach dir.

Liebesspiel am Strand.

***

Ein einsamer Strand,

erhitzte Männerleiber.

Lust im Sonnenschein.

***

Ein Mann im Tange,

wohlgebaut und muskulös.

Mir stockt der Atem.

***

Sehnsucht

Du bist ein richtig netter Mensch,
dazu gebaut wie Adonis,
so dass bei deinem Anblick stets
mein Penis sich aufrecht erhebt.

Du kennst mich, aber siehst mich nicht,
doch brennt mein Herz vor Lust nach dir,
aber vergebens all mein Hoffen,
denn einen festen Freund du hast.

Ich bin sehr oft in deiner Näh,
wenn sich die Clique wieder trifft,
denn dein Liebster ist mein Bruder,
auf den ich eifersüchtig bin.

Doch Familie ist sehr wichtig,
drum verzeih ich meinem Bruder,
stattdessen ich viel hadere
mit dem Schicksal und der Liebe.

***

Viele Tautropfen,

Zeugen der Lusterfüllung

auf der Matratze.

***

Wind in den Segeln,

zwei nackte Leiber auf Deck,

sich innig liebend.

***

Am Nacktbadestrand,

Sonnenlicht des Nachmittags,

schimmernde Körper.

***

Unverhofftes Glück

Du lieblicher und fescher Mann,
wie gern entkleiden würd' ich dich,
doch trau ich mich an dich nicht ran,
drum unterdrück mein Sehnen ich.

Doch plötzlich kommst du auf mich zu,
tust recht lange mit mir reden,
am Ende sind wir dann beim ‚Du',
was nicht üblich ist für jeden.

Dann spür ich plötzlich deinen Arm,
der sanft um meiner Hüfte liegt,
ums Herz herum wird mir ganz warm,
seh', wie dein Kopf sich zu mir biegt.

Ganz sanft küsst du mich auf den Mund,
deine Hand schleicht zu meinem Schritt,
und schon verlier ich allen Grund,
bin geraten aus meinem Tritt.

Du führst weg mich eine Strecke,
und lässt fallen deine Hose,
dann ich deinen Schwanz dir lecke,
und auch schlucke deine Soße.

Ich schlucke deinen ganzen Saft,
doch damit ist es nicht vorbei,
für den Rest deiner Manneskraft
willst du, dass ich dein Bückstück sei.

So biete meinen Po ich an,
in den du steckst den langen Schwanz,
ich still verharr in deinem Bann
und du führst auf des Aktes Tanz.

Als du bist schließlich leergefickt,
steh ich da noch ganz benommen,
doch du bist menschlich sehr geschickt
ich werd in den Arm genommen.

Dann du streichelst meinen Ständer,

bis ich schließlich auch abspritze,

flugs wir richten die Gewänder,

neben dir ich seitdem sitze.

***

Deine enge Jeans
bringt den Po gut zur Geltung,
weckt Geilheit in mir.

***

Er überholt mich,
ich lächle ihn freundlich an.
Kniff in meinen Po.

***

Du mähst den Rasen,
derweil ich mache mich hübsch.
Rasur des Gemächts.

***

Am Anfang

Alles fing im Schwimmbad an,
wo ich dich habe bemerkt,
dein gut trainierter Körper
zog magisch meinen Blick an.

Als du mich schließlich ansahst,
verfiel ich deiner Aura,
doch war ich mir nicht sicher,
ob du mich mögen würdest.

Schließlich kamst du auf mich zu,
zogst mich in eine Ecke,
dein Blick war heiß wie Feuer,
mein Herz sank in die Hose.

Ich hörte deine Stimme,
doch die Worte klangen fremd,
derweil mein Herz erglühte
ob deiner großen Nähe.

Meine Stimme war ganz weg,
ich konnte nicht mehr reden,
doch du hast sogleich bemerkt
dass das war aus Leidenschaft.

Deine Lippen küssten mich,
verborgen hinter Hecken,
doch war dies der Anfang nur,
der Traum danach ging weiter…

***

Ich bin unsicher,
zeige mich dir erstmals nackt.
Ein furchtsamer Blick.

***

Du schenkst mir Blumen
als Zeichen deiner Liebe.
Dankbare Küsse

***

Dein feuriger Blick
trifft mich genau in mein Herz.
In Liebe entflammt.

***

Tanzende Zunge,

meine Eier umschmeichelnd,

den Geist beglückend.

***

Wilder Liebesakt,

ein heftiger Orgasmus

- Pausenhöhepunkt.

***

Wir tanzen Rumba,

mit heißem Blick führst du mich.

Männliches Tanzpaar.

***

In den Bann geschlagen

Auf der Party haben wir uns das erste Mal gesehen, und sofort hast du mich magisch angezogen. Als ich vor dir stand, bin ich in deinen dunklen Augen versunken. Es war um mich geschehen! Du lächeltest sanft und hast mich in dein Schlafzimmer geführt. Dort fielen deine Hose und dein Slip, gleich darauf hingen meine Lippen an deinem Glied. Mein Mund verwöhnte dich bis zum Höhepunkt. Als es dir kam, schluckte ich beseelt vor Glück dein göttliches Ambrosia.

Beseelt von Glück:
Beim Schlucken deines Samens
im Himmel wähnend.

***

Unerreichbar

Ich sehe dich an ihrer Seite
und wünsche mich an ihre Stelle,
dann ich wäre im Siebten Himmel,
wär' erfüllt von tiefem Lebensglück.

Doch du liebst sie, deine nette Frau,
die stets gute Worte für mich hat,
darum ich fühl mich gar arg beschämt
ob meiner großen Liebe zu dir.

Gern würde ich dir alles sagen,
mein Herz dir gänzlich offenbaren,
doch fürchte ich, dich zu verlieren,
wenn du erst von meiner Liebe weißt.

Drum ich schweige lieber jeden Tag,
versuch, die Liebe zu verdrängen,
doch leider will es nicht gelingen,
so dass vergieß ich stille Tränen.

***

Bücken als Antrag,

Angebot und Nachfrage.

Warten auf dein Glied.

***

Ich möchte Liebe,

drum gebe ich mich lasziv.

Blicke treffen mich.

***

Unter dem Röckchen

ein Penis im Damenslip.

Faible für Schönheit.

***

Welch knackiger Po
steckt in deiner engen Jeans!
Meine Hose spannt.

***

Du bist sehr charmant,
machst schöne Komplimente.
Schamhafte Röte.

***

Ich himmle dich an,
seit ich dich im Schwimmbad sah.
Heimliches Schwärmen.

***

Lustvolle Gelegenheit

Beide sind wir nackt

im Duschraum des Schwimmbades.

Sanft streichelst du mich,

bringst meine Lust zum Kochen.

Ich drehe mich um,

biete dir meinen Po an.

Zärtlich dringst du in mich ein.

***

Grübelei

Es war an einem Inselstrand,
als ich ganz plötzlich vor dir stand,
und dich ganz verwirrt anschaute.
Du warst ein wunderschöner Mann,
der schnell mich zog in seinen Bann,
ohne dass man hörte Laute.

Für dich ich große Lieb' empfand,
wie ich sie habe nicht gekannt,
es gestehn ich mich nicht traute.
Seit diesem Tag viel Zeit verrann
Und täglich ich darüber sann,
ob die Zukunft ich verbaute.

***

Ein netter Nachbar,

wir bumsen regelmäßig.

Er ist gebunden.

***

Großes Verlangen

nach dem Mann meiner Träume.

Mein Slip ist durchnässt.

***

Mühsame Slipwahl,

schließlich will ich gefallen.

Kann ich falsch liegen?

***

Einsicht

Deine Seele wirkt so rein
und dein Antlitz ist gar fein,
drum ich wäre so gern dein,
doch leider kann das nicht sein,
ein andrer nennt dich schon ‚mein',
doch wirkt es nur wie ein Schein.

Vielleicht es ist Wunschdenken,
das mich soll nur ablenken,
um Träume mir zu schenken,
dass es sich wird einrenken,
doch Einsicht tut sich senken,
dass den Traum ich muss henken.

***

Vor Lust brennend

Ich brenne vor Lust,

verzehre mich nach Küssen,

doch erst tanzt der Stock,

steigert meine Leidenschaft,

und wenn mein Po glüht,

sind Leib und Seele bereit,

die Liebe zu genießen.

***

Die Entjungferung
meines Po hat weh getan.
Es war wunderschön!

***

Wild küsse ich dich,
als Ausdruck meiner Liebe.
Deine Hose fällt...

***

Mit Hodenkette
führst du mich deinem Freund vor.
Sein Blick verschlingt mich.

***

Ich bin voller Lust,

meine Eier sind randvoll.

Lächelnd bückst du dich.

***

Gib mir dein Sperma,

spritz mir alles ins Gesicht!

Zeichen der Liebe.

***

Ein einsames Herz

geht im Stadtwald spazieren.

Es naht die Liebe.

***

Handarbeit im Kino

Im dunklen Kino sitzen wir,
und während nun der Film beginnt,
streift deine Hand den Schenkel mein,
bis sie erreicht hat meinen Schritt.

Rasch geöffnet ist die Hose,
die sogleich ich fallen lasse,
dann ich weit die Beine spreize,
Glied und Hoden dir ausliefre.

Sanft streichelst du mit deiner Hand
gar lieblich meinen Hodensack,
so dass mein Schwanz wird rasch ganz steif
und drückt harsch an den Schlüpferstoff.

Ich werd unruhig, muss doch still sein,
weil sonst ein jeder weiß was läuft,
und so leise ich mich winde,
bis ich in den Schlüpfer spritze.

Danach ich sitz mit nassem Slip
auf meinem Sitz und bin entzückt,
denn bevor der Film wird enden
wirst du noch einmal melken mich...

***

Mein Slip kneift gar arg,

ganz diskret richte ich ihn.

Du schaust taktvoll weg.

***

Hübscher junger Mann,

doch wie spreche ich ihn an?

Furcht vor seiner Wut.

***

Nach deiner Reise

freudiges Wiedersehen.

Stürmische Küsse.

***

Schlechter Rat

Fröhlich trete ich vor dich hin,
bin von der Werbung stark gelenkt
und platze nun vor Mut und Stolz
in meinem roten Stringtanga.

Dein Blick sogleich erstarrt zu Eis,
ungläubig blickst du zu mir hin,
um sogleich ganz laut zu lachen,
lächerlich du mich nun findest.

Geschockt, gekränkt und tief verletzt
eil aus dem Raume ich sehr schnell,
statt dass dein Glied mich schön verwöhnt,
sucht meine Seele Balsam nun.

Zum Clown ich habe mich gemacht,
als ich dem Verkäufer glaubte,
nun schwer mein Stolz ist angeknackst
und ich weine bittere Tränen.

***

Im dunklen Kino
kraulst du sanft meine Hoden.
Der Film entgleitet.

***

Im Schwulenkino
darf ich dir einen blasen.
Ringsum Erregung.

***

Er begleitet mich
auf die Herrentoilette.
Enge Kabine.

***

Entjungferung von meinem Po

Ich sinke langsam auf die Knie,
um zu liebkosen dir dein Glied,
dann lutsche ich es dir auch noch,
bis dann der Penis ist ganz hart.

Rasch dreh ich meinen Körper um,
reck vor Begehren mein Gesäß
entgegen deinem steifen Glied,
damit entjungferst du den Po.

Rasch du tust verteilen Gleitgel
auf deinem Glied und meinem Po,
dann ich spür die Penisspitze
sanft mir die Rosette kosen.

Ganz langsam dringst du in mich ein,
arbeitest sachte dich dann vor,
zum Lustschrei wird mein Stöhnen rasch,
was heiser mich bald werden lässt.

Schon ich spür des Penis Kopfes
tastend Suche in meinem Darm,
als sacht du ziehst dein Glied zurück,
um gleich zu stoßen wieder zu.

Immer lauter hallt mein Lustschrei,
erreicht den Höhepunkt sogleich,
als heiß dein Samen in mich strömt,
den Po mir tüchtig überschwemmt.

Du verharrst ein paar Sekunden
tief in meinem Loche steckend,
bis endlich du dich ziehst zurück,
was erschöpft ich kaum bemerke.

Erschöpft ich auf dem Bette lieg,
mein Geist genießt noch unsre Lust,
während von mir ganz unbemerkt
du leise schon das Haus verlässt.

Du hast dein Soll für mich erfüllt,

mein Po ist nicht mehr jungfräulich,

nun suchst du einen Neuen dir,

für mich bleibt die Erinnerung.

***

Eines Mannes Hand
gleitet sanft in meinen Slip,
spielt mit meinem Glied.

***

Eiswürfel schmelzen,
ihr Wasser auf deiner Haut
lässt dich geil werden.

***

Mein Ständer pulsiert
unter deinem Zungenspiel,
wünscht abzuspritzen…

***

Sein Glied ragt empor,

vibrierend vor wilder Lust

bei meinem Anblick.

***

Dein Stachel in mir,

ich fühle meine Wolllust,

schreie laut vor Lust.

***

Ein Mann wirbt um mich,

ich fühle mich geschmeichelt.

Männliches Ego.

***

Beschmutzter Boden

Ich liege nackt auf deinem Bett,
dir meinen Po entgegen reck,
damit du stoßen kannst mein Loch,
dein Samen meinen Darm befüllt.

Als die Nummer ist geschoben,
bist du ganz sauer dann auf mich,
weil unbemerkt aus meinem Loch
das Sperma auf den Boden tropft.

So wird aus einem schönen Fick
ganz schnell ein ziemlich böser Streit,
bis du mich legst über die Knie
und tüchtig mir den Po versohlst.

Danach ich wieder lieb dann bin,
leck dir zum Dank auch den Penis,
brav dabei ich alles schlucke,
damit der Fleck nicht größer wird.

***

Mein Schwanz wird ganz steif
bei dem zärtlichen Wichsen
durch deine Hände.

***

Mein Schwanz kocht vor Lust,
ich will nur noch abspritzen,
doch dann hörst du auf...

***

Stets von dir beschützt
fühle ich mich behütet.
Liebe als Schutzzaun.

***

Unverhofft

Die Hochzeit ist sehr langweilig,
drum würde ich am liebsten gehn,
doch ist's zu früh, ich trau mich nicht,
denn übel nehmen würd man's mir.

Mit dem Schicksal heftig hadernd
lustwandel ich im Sonnenschein
fern von der Gesellschaft Treiben
in des Gartens reizend Schönheit

Ich spüre, dass ein Mann mir folgt
und wende ihm die Schritte zu.
Sofort er wird ganz Rot vor Scham,
gesteht mir stammelnd seine Liebe.

Er ist ein lieblich junger Mann,
der mein Herz lässt höher schlagen,
dazu mein Lustspeer sich erhebt,
gegen der Hose Enge kämpft.

Mein lieblich' Kuss auf seinen Mund
entfesselt der Lüste Wildheit,
kosend wir sogleich versinken
hinter dichter Büsche Schutzwall.

***

Ungewöhnliche Bitte

Als mein bester Freund
genießt du mein Vertrauen,
drum bitte ich dich,
mir die Gunst zu erweisen,
an diesem Abend
mit deinem langen Penis
meinen Po zu entjungfern.

***

Zungenspiele

Haiku-Trilogie, Version 1

1.

Ich geh auf die Knie,
heiße Küsse für den Schwanz,
dann für die Eier.

2.

Sanftes Zungenspiel,
umschmeichelt deine Eier.
Dein Schwanz zuckt heftig.

3.

Ich wölbe den Mund,
stülpe ihn über den Schwanz.
Ich schlucke alles.

***

Deine breite Brust

Deine stolze, breite Brust
bietet mir gar sehr viel Platz,
den ich gar gerne nutze,
um vor mich hin zu träumen.

Bei Bedarf sie spendet Trost,
mal lädt sie ein zum Knuddeln,
so dient bei Freud und Leid
mir als ein sichrer Hafen.

Doch ich revanchier mich auch
mit Händen und mit Zunge,
dann ich streichel dir die Brust
und lecke deine Nippel.

Richtet sich dann auf dein Glied
hat mein Dank sein Ziel erreicht,
und du kannst verfügen nun
frei über meinen Körper.

***

Liebesfunken im Schwimmbad

Im Duschraum eines Hallenbades
standest du einst neben mir,
ungeniert, ganz unbekleidet
hast Du das kühle Nass genossen.

Gut bestückt, ein hübscher Mann,
so nahm mein Blick dich wahr,
und wegen deiner Schönheit
entbrannte ich in Liebe.

Doch war ich ängstlich, sehr verzagt,
ob du der Männerliebe zugeneigt,
drum schwieg ich lieber stille,
um schlimmen Ärger zu vermeiden.

Doch heimlich sah ich zu dir hin,
und du bemerktest meine Blicke,
tratest schließlich auf mich zu
und hast gestreichelt meine Wange.

Um uns herum die Welt versank,
als sich schließlich sanft berührten
unsre völlig trocknen Lippen,
denen der erste Kuss entsprang.

Seitdem wir sind ein Liebespaar,
doch leider nur in einer Wohnung,
im Schwimmbad sind wir wie zuvor
zwei ganz normale Schwimmer.

Es ist wie einst in Kindertagen,
man spielt ‚Verstecken' mit den andren,
denn mancher Schwimmer würde sich
sonst nicht mehr in den Duschraum wagen.

***

Weißer Doppelripp,
Symbol der Jungfräulichkeit
des jungen Mannes.

***

Es ist wunderbar,
innig geliebt zu werden.
Ob mich ein Mann will?

***

Nackt auf dem Boden
knie ich vor deinem Gemächt,
dein Glied verwöhnend.

***

Mein Po entjungfert

durch deines Schwanzes Arbeit.

Sperma tropft herab.

***

Ein süßer Nachbar,

mein Herz begehrt ihn so sehr!

Er ist gebunden.

***

Ich ziehe mich aus,

mein Schwanz steht wie eine Eins.

Gleich leckst du ihn mir.

***

Oraler Genuss

Ich lutsche dein Glied,

spüre die Lust aufsteigen

in dir und in mir,

dein Schwanz füllt meinen Mund aus,

beginnt zu zucken,

dann entlädst du dich in mir.

Saft tropft aus den Mundwinkeln

***

Wortlos

Wir genießen unsre Zweisamkeit,
dafür bedarf es keiner Worte,
denn weil die Liebe uns hat erfasst,
bindet uns beider Herzen Reinheit.

Zwischen uns genügen schon Blicke,
gepaart mit einem holden Lächeln,
um die Seele hinaufzuführen
zu den lieblichen rosa Wolken.

So schweben wir durch unser Leben,
genießen unser vereintes Glück,
lassen es von niemandem trüben,
hoffen auf ein langes Fortbestehn.

***

In Damenwäsche

vergesse ich das Mannsein.

Ein anderes Ich.

***

Schwulenbadestrand,

ich bin das erste Mal hier.

Scham beim Ausziehen

***

Hinter mir stehend

streichelst du meinen Körper.

Ich spüre dein Glied.

***

Am Strand seh ich dich,

Liebe auf den ersten Blick.

Glockenklang ertönt.

***

Mein heißes Sperma

quillt zwischen deinen Fingern.

Klebrige Finger.

***

Dein sanftes Streicheln

elektrisiert meinen Leib.

Zu allem bereit.

***

Ein schöner Abend

Wir zwei alleine,

ein Abend auf dem Sofa.

Plötzlich hast du Lust,

gleich darauf wird es ganz heiß,

wir machen Liebe

und genießen einander.

Lustsaft tropft auf meine Brust.

***

Ein Ziel im Leben

Wir alle suchen nach der Liebe,
die einzig wahr und nur für uns
das Leben lässt erträglich scheinen,
entgegen aller Widrigkeiten.

Wie leicht die Suche ist für viele,
doch wird es gar recht kompliziert,
hat man den Wunsch nach Männerliebe,
denn mancher rümpft darob die Nase.

Zum Glück wir haben uns gefunden,
sind schon länger ein glücklich' Paar,
und wenn ich liege in deinen Armen
sind alle schlimmen Gedanken fort.

Du bist der Mensch, den ich so liebe,
bist die Blüte in meinem Leben,
der Höhepunkt all meines Strebens,
so ich hab mein Lebensziel erreicht.

***

Welch ein Augenschmaus
ist dein trainierter Körper!
Lustvolles Schmelzen.

***

Zärtliche Küsse,
zwei Männer umarmen sich.
Ein Abschied auf Zeit.

***

Ich will abspritzen,
meinen vollen Sack leeren,
aber du willst nicht...

***

Glücklicher Zufall

Auf einer großen Feier
begegneten wir uns,
zwei Fremde in der Menge,
durch Zufall im Gespräch.

Deine Worte sanft und warm,
berührten schnell mein Herz,
dazu der Augen Strahlen,
das meine Seele traf.

Ich war dir rasch verfallen,
doch nutzte das nicht viel,
ich traute nicht zu fragen,
was du für mich gefühlt.

Am Ende dieser Feier
ludst du mich zu dir ein,
gestandest mir die Liebe,
die du für mich gehegt.

Mein Herz tat jubilieren,
es pochte dabei wild,
sofort ich offenbarte
dir meine Neigung rasch.

So kamen wir zusammen,
durch eines Zufalls Glück,
am Abend ich dann küsste
meinen geliebten Mann.

Nun leben wir zusammen
schon viele Jahre lang,
genießen stets einander
und großer Liebe Freud.

***

Hochgereckt mein Po,
ich erwarte deinen Schwanz.
Es wird ernst für mich.

***

Mir ist furchtbar kalt,
du gibst mir deine Jacke.
Spaziergang im Herbst.

***

Zärtlich peitscht du mich,
sofort erigiert dein Glied.
Mein Schwanz ist auch hart.

***

Wunderbarer Duft

Im Bett wir ruhen leise
nach einem Liebesakt,
dabei sich unsre Körper
berühren gar recht sanft.

Ich spüre deine Nähe,
kann riechen deinen Duft,
so maskulin, so männlich,
dass ich bin ganz berauscht.

Ich liebe herbe Düfte
an einem andren Mann,
doch sind sie mir gar kostbar,
sind sie auf deiner Haut.

So liege ich noch lange
erschöpft vom Liebesspiel,
genieß mit wachen Sinnen
den Duft von deiner Haut.

***

Ich nicke heftig,

spüre deinen Schaft im Mund,

schmecke deine Lust.

***

Schneller Zungenschlag,

dein Glied zuckt vor Verzückung.

Der Höhepunkt naht!

***

Mein Glied glüht vor Lust!

Allein mit meiner Geilheit.

Selbstbefriedigung.

***

Mein sanftes Wesen
passt perfekt zu einer Frau.
Schwulsein als Ausweg.

***

Ich liebe Rumba,
tanze sie nur allzu gern.
Leider fehlt ein Mann.

***

Spaziergang im Park,
ein Mann kommt mir entgegen.
Vielsagender Blick.

***

Als männliche Frau
warte ich auf meinen Mann.
Mein Stringtanga kneift.

***

Mein scharfes Höschen
soll deine Lust entfachen.
Heißes Begehren.

***

Verspritz dein Sperma,
jag mir alles in den Po!
Form der Liebkosung.

***

Richtige Deutung

Wie einer Blume Anmut
sind deine Gesten zu mir,
stets lieblich anzuschauen,
dazu voller Verheißung.

Wie könnt ich widerstehen,
deiner Anmut und dem Charme,
wo ich schon lange träume
von eines Mannes Liebe?

Ich hoff', ich deute richtig,
die Zeichen, die du sendest,
denn nun ich trau mich endlich
zu geben eine Antwort.

Ich gehe zu dir rüber,
mit heftig pochend Herzen,
die Beine sind gar wacklig
es entweicht der Mut mir schnell.

Du nimmst meinen Zwiespalt wahr,

richtest rasch das Wort an mich,

zerstreust flink den Wankelmut,

der mein Herz hält fest umfasst.

Rasch das Eis bricht zwischen uns,

aus Fremden werden Freunde,

später dann auch noch viel mehr,

und nun wir sind ein Pärchen.

***

Lust überkommt mich,

mein Schwanz ist aufgerichtet,

lechzt nach Entspannung.

***

Es kitzelt dein Bart

beim Küssen meines Körpers.

Lachkrampf und Wollust.

***

Die Hose sitzt eng,

zieht meinen Blick magisch an.

Meine Lust erwacht.

***

Sanfte Berührungen,
deine Hand an meinem Sack,
ihn ganz sacht knetend.

***

Heftiges Nicken,
hart sauge ich deinen Schwanz,
will den Saft schlucken.

***

Wilde Liebkosung,
unsere Glieder sind steif.
Erhitzte Leiber.

***

Verschmäht

Der Frühling ist gekommen,
ganz schnell auf leisen Sohlen,
nun strahlt herab die Sonne,
weit öffnen sich die Herzen.

Ich schlendre durch die Straßen,
die leer noch waren gestern,
nun sind sie voller Menschen,
die alle fröhlich lachen.

Mein Herz jedoch ist einsam,
weil mich verschmäht der Liebste,
ihm eine Frau ist lieber
als mein reines Männerherz.

Er kennt nun mein Geheimnis,
weiß, was keiner von mir weiß,
ich hoff, er ist verschwiegen,
muss auf sein Wort vertrauen.

Ich hätte sollen schweigen
mein Verstand erklärt mir grob,
doch mein Herz, das wollte mehr,
nun es leidet großen Schmerz.

Vielleicht gibt es noch Hoffnung,
flüstert stets mein Herz mir ein,
doch wird es sein vergebens,
denn er liebt nun eine Frau.

Vielleicht ich werde finden
den Traummann meines Herzens,
doch muss der Schmerz erst heilen
von der verschmähten Liebe.

***

Liebesgeständnis:
Von Mann zu Frau ist es leicht,
doch von Mann zu Mann…

***

Du bietest dich an,
nackt auf dem Sofa liegend,
mein Glied erwartend.

***

Ich bin der deine
und bücke mich gern für dich.
Die Frau im Manne.

***

Ein glühendes Glied,
doch ich habe keinen Mann.
Ich lege Hand an.

***

Du leckst dir den Mund,
hängst dem Spermageschmack nach.
Geleerte Eier.

***

Heiß glüht mein Kolben,
er möchte gelutscht werden
von deinen Lippen.

***

Ein Traum wird wahr

Es brennt die Sonne gar so heiß
auf dich und mich am Baggersee,
sie erhitzt rasch unsre Körper,
lässt den Schweiß hernieder rinnen.

Rasch wir springen aus der Kleidung,
sprinten rein ins kühle Nass,
nur in unsren Badehosen,
die sehr eng am Körper liegen.

Meine ziert vorn eine Beule,
weil mich dein Anblick wuschig macht,
ich bin schon lange recht verliebt
in dich, den guten Sportlerfreund.

Jedoch es ist ein rechter Graus,
weil ich nicht weiß, wie du das siehst,
vielleicht du doch auf Frauen stehst
und mich verlachst oder verhaust.

Doch wir waren schnell im Wasser,
so dass du nicht gesehen hast,
wie mein Glied sich nach dir räkelt,
sich meine Badehose spannt.

Wir schwimmen etwas hin und her,
bis du ein Wettschwimmen schlägst vor
bis zu dem tiefen Wassergras,
bei dem du wieder Sieger bist.

Als ich endlich auch ankomme,
ziehst du mich in das tiefe Gras,
dort senken deine Lippen sich
auf meinen feuchten Mund herab.

Du schwärmst recht lange schon von mir,
hast dich nicht getraut zu sprechen,
doch beim Anblick meiner Beule
ist dir alles klar geworden.

Nun im tiefen Gras wir liegen,

vor fremden Blicken gut geschützt,

und wir kosen und wir streicheln

unsre nun ganz nackten Körper.

Die Liebe ist gar wunderbar,

und wenn sie in Erfüllung geht,

ist es ein lieblich reiner Traum,

der noch lange möge dauern.

***

Nach der Gartenarbeit

Für heute ist es nun genug,
die Gartenarbeit ruht jetzt fein,
so dass wir kümmern können uns
um die arg verschwitzten Körper.

Schnell unsre Sachen fliegen fort
und nackt wir gehen in das Bad,
lassen rinnen den Wasserstrahl
über unsre heißen Leiber.

Bald belanglos ist das Duschen,
weil die Nähe unsrer Körper
in uns die große Lust erweckt,
und uns lässt Amor huldigen.

So lieben wir uns ungeniert
unter unsrer warmen Dusche,
genießen Wasser, Küsse, mehr
nach der schweren Gartenarbeit.

***

Welch schönen Genuss
bereitet deine Liebe
dem Auserwählten.

***

Ich will sie leeren,
meine Eier leer spritzen,
am liebsten in dir!

***

Du ziehst dich nackt aus,
stellst dich gebückt vor mich hin
- Schläge oder Sex?

***

Sichtbare Beule
in meiner Badehose.
Zu viele Männer.

***

Laue Sommernacht,
romantische Gefühle.
Küssende Männer.

***

Der nächtliche Wald
bedeckt einen Liebesakt.
zwischen uns Männern.

***

Nackt am Baggersee,

Schwule mit hübschen Körpern.

Ich muss trainieren.

***

Ohne festen Freund,

allein im Schwulenkino.

Suche nach Freundschaft.

***

Weißer Damenslip

auf meinem Männerkörper.

Rätselhafte Lust.

***

Meine Hose fällt
mitten im Schwulenkino.
Eine Mutprobe?

***

Auf Traummannsuche,
deutschlandweit im Internet.
Moderne Zeiten.

***

Heller Kerzenschein
streift sanft über zwei Männer,
in Liebe vereint.

***

Im Meer

Du läufst rasch ins Wasser rein,
tauchst schon in die Fluten ein,
wissend, dass du schneller bist,
was mein Blick gar deutlich misst.

Schon ich sehe dich nicht mehr,
meine Sorge steigt gar sehr,
ich halt Ausschau stets nach dir,
schwimme da und schwimme hier.

So ich suche in dem Meer
und mein Herz wird plötzlich schwer,
bin in Sorge jetzt um dich,
spür im Herzen einen Stich.

Plötzlich sich das Wasser wellt,
unsanft meine Hose fällt:
Unter Wasser bist du da,
kommst mir dabei gar recht nah.

Einen Streich du spieltest mir,

doch zum Glück weit von der Pier,

gut geschützt vor fremdem Blick

wir genießen diesen Kick.

Unten bleibt die Hose nun,

unsichtbar all unser Tun,

wir erfreuen uns gar sehr

in dem weiten, blauen Meer.

***

Während deiner Abwesenheit

Nun bist du zwei Tage fort,
drei werden ihnen folgen,
wir sind dagegen machtlos,
so verlangt es dein Beruf.

Nun bin ich alleine hier,
verzehre mich vor Sehnsucht
nach deinem starken Armen,
nach liebevollen Küssen.

Ich fühle mich sehr einsam,
der Tag vergeht nur langsam,
ich warte jeden Abend
begehrlich auf den Anruf.

Deine Liebe brauche ich
wie auch die starke Schulter,
weil du mir dadurch Kraft gibst,
ich mich geborgen fühle.

Noch lange muss ich harren,
bis du wieder bist bei mir,
wie soll ich das aushalten
ganz ohne zarte Küsse?

Die Uhr tickt immer weiter,
gefühlt jedoch sehr langsam,
mein Herz dagegen brennt schon
ganz lichterloh vor Sehnsucht.

Ich zähle längst die Stunden,
bis du kommst zu mir zurück,
mich in deine Arme nimmst,
ich heiße Küsse spüre.

***

Lustvolles Stöhnen!
Sanft lutsche ich deinen Schwanz,
Zeit ist nicht wichtig.

***

Ich mag deinen Schwanz:
Erst streichelt ihn meine Hand,
dann lutsche ich ihn.

***

Sanftes Zungenspiel.
Wie weich deine Hoden sind,
- doch sie füllen sich.

***

Ein Angebot

Haiku-Trilogie

1.

Rastplatztoilette.

Ein Fremder steht neben mir,

schaut mich ganz lieb an.

2.

Ein scheues Lächeln.

Der Fremde bietet mir Geld,

er will Sex mit mir.

3.

Zuerst Entrüstung,

dann lutsche ich seinen Schwanz.

Die Gier war stärker.

***

Liebliches Geplauder

Wir trafen uns in einer Bar,
gar prächtig schien die Sonne,
wir sahen uns das erste Mal,
waren fremd uns noch einander.

Zunächst es stockte das Gespräch,
doch dann nahm es rasch Fahrt auf,
die ganze Spannung löste sich,
wir lachte viel und neckten uns.

Du fandest stets den rechten Ton,
der mich rasch selig werden ließ,
ich lauschte seinem weichen Klang,
deinem lieblichen Geplauder.

Als das Gespräch zu Ende war,
gehörte dir mein Herz schon lang,
ich war in Liebe heiß entflammt,
wollte küssen deine Lippen.

Die Gedanken waren sichtbar,

standen deutlich mir im Gesicht,

drum nahmst du sanft mich in den Arm

und küsstest zärtlich meinen Mund.

Als Folge unsrer Plauderei

lieg ich nun neben dir im Bett,

das Gespräch vor langer Zeit war,

seitdem wir sind ein Liebespaar.

***

Öffentlicher Ort:

Hier macht das Wichsen Spaß.

Der Reiz der Gefahr.

***

Geheimer Treffpunkt:

öffentliche Toilette.

Ein Fremder bumst mich.

***

Große Vorfreude!

Mein Männerpo wartet schon

auf deinen Lustspeer.

***

In der Hochzeitsnacht
lecke ich deine Hoden.
Danach bin ich dran.

***

Nackt am Strand liegend,
mit unsren Schwänzen spielend.
Urlaubsidylle.

***

Heiße Berührung,
herrlich sanft ist deine Hand.
Ich schmelze dahin.

***

Laue Sommernacht.

Du entjungferst meinen Po.

Liebende Männer.

***

Eifriges Saugen,

dein steifes Glied erhitzt sich,

beginnt zu zucken.

***

Finger am Poloch,

langsam dringt er in mich ein.

Mein Glied steigt empor.

***

Deine sanfte Hand

Sanft streichst du mit deiner Hand
über mein glühend' Gesicht,
streifst mit lässiger Geste
ganz mild weg eine Strähne.

Ich genieße diese Hand,
deine zarte Berührung,
sie entflammt sofort mein Herz,
die Liebe hat mich erfasst.

Ich weiß, dass auch du es fühlst,
dein Blick spricht tausend Worte,
und die Sanftheit deiner Hand
verspricht mir tausend Wonnen.

So ich stehe hier nun still,
halte meinen Atem an,
hoffe auf die große Lust
von deiner Hand ausgehend.

***

Nächstenliebe

Haiku-Trilogie

1.

Zuviel getrunken,

ein fremder Mann bringt mich heim

legt mich nackt ins Bett.

2.

Er schläft neben mir,

nutzt meinen Zustand nicht aus.

Er passt auf mich auf.

3.

Am nächsten Morgen

bedanke ich mich bei ihm.

Volle Hingabe.

***

Nackt im Bett liegend,

träume ich von einem Mann.

Der Vibrator surrt.

***

Großes Verlangen

nach dem Mann meiner Träume.

Mein Höschen ist feucht.

***

Im Dessousgeschäft

probiere ich Wäsche an.

Modelgefühle.

***

Heute ist sein Tag,

mein Mann feiert Geburtstag.

Ich trage Leder.

***

Dein Slip sitzt arg stramm,

betont sehr den steifen Schwanz.

Lust überrollt mich.

***

Mit steifem Penis

warte ich auf meinen Mann.

Wilde Hochzeitsnacht.

***

Er begleitet mich
auf die Herrentoilette.
Im Sitzen blasen.

***

Männer unter sich.
Dein Schwanz steckt in meinem Po,
bewegt sich ganz sanft.

***

Tief in meinen Po
hast du deinen Schwanz gesteckt.
Du entjungferst mich.

***

Herzklopfen

Auf dem Weg zu deiner Wohnung
spüre ich mein Herz wild rasen,
auch mein Magen fühlt sich flau an,
und der Blutdruck ist gestiegen.

Ich habe dich noch nie besucht,
denn bislang wir waren Freunde,
jedoch gestern nach dem Schwimmen
gestand ich meine Liebe dir.

Du warst darüber sehr erfreut,
hast mich zu dir eingeladen,
um zu feiern unsre Freundschaft
und die Liebschaft zu besiegeln.

Drum ist für mich ein großer Tag,
denn ich suchte lang den Liebsten,
jetzt ich habe ihn gefunden,
die Aufregung macht mich ganz krank.

Gleich ich werde dich nun treffen,

erstmals dann als dein Geliebter,

will dir spenden große Wonnen,

hoffend auf die große Liebe.

Nun habe ich dein Haus erreicht,

bis zum Halse das Herz mir klopft,

zögernd drücke ich die Klingel,

hör die Schritte meines Liebsten...

***

Küsse im Regen

Wir stehen unter einem Baum,
während ein starker Regen fällt,
das Laubdach schützt uns noch davor
nass bis auf die Haut zu werden.

Unschlüssig stehen wir herum,
doch dann greifst du nach meiner Hand,
schaust dabei in meine Augen
mit einem Blick lieblich und fein.

Schon lange schwärmte ich für dich,
traute nie, etwas zu sagen,
doch du hast mich sofort durchschaut
und nutzt nun die Gelegenheit.

Der Regen fegt die Straßen leer,
niemand sieht uns unter dem Baum,
und noch eh ich mich versehe
gibst du mir einen heißen Kuss.

All meine Dämme brechen nun,

ich geb mich ganz der Liebe hin,

erwidre deine Küsse gleich

mit der Wildheit großer Liebe.

Während ringsum der Regen fällt

küssen wir uns unter dem Baum,

wissend, dass das der Anfang ist,

dem noch viele Küsse folgen...

***

Während der Feier

zieht er mich zur Toilette.

Ich bücke mich tief.

***

Ein netter Nachbar,

wir bumsen regelmäßig.

Ich bin gebunden.

***

Im Schwulenkino

darf ich deinen Schwanz lutschen.

Ringsum Erregung.

***

Endlich mit Trauschein!

Jetzt wartet die Hochzeitsnacht.

auf das Männerpaar.

***

Er ist attraktiv,

doch mag er Männerliebe?

Angst vor Faustschlägen.

***

Spaziergang am Strand,

meine Badehose spannt:

Hübscher Mann in Sicht.

***

Endlich Frühling!

Der Frühling ist gekommen,
die Sonne strahlt vom Himmel,
bunt blühen nun die Blumen
und erfreuen meinen Blick.

Ich streife durch die Felder,
meinen Liebsten an der Hand,
meide andrer Leute Blick,
doch kann ich spüren Missmut.

Dass als Mann ich geh vergnügt
Hand in Hand mit einem Mann,
missfällt manchem doch gar sehr,
doch es spricht keiner laut aus.

Den Frühling wir genießen,
küssen uns auch dann und wann,
wie es sich nun mal gehört
für ein junges Liebespaar.

***

Dein Duft erregt mich,

weckt die Lüsternheit in mir.

Männerehepaar.

***

In Liebe vereint

saugen wir unsre Schwänze.

Gemeinsame Lust.

***

Jetzt bist du in mir,

weit dehnt dein Schwanz mein Poloch.

Mein Penis wird steif.

***

Im warmen Schein der Kerzen

An diesem schönen Abend
sind wir in deiner Wohnung,
genießen unsre Liebe
im warmen Schein der Kerzen.

Es klirren sanft die Gläser,
darin Sektperlen sprudeln,
wir lachen und wir flirten,
derweil die Herzen brennen.

Dann nähern sich die Lippen,
nach einem Kuss sich sehnend,
erst langsam, dann gar heftig
ergreift uns das Verlangen.

Leise spielt das Radio,
doch wir hören gar nicht hin,
sind bedacht nur noch auf uns
und taub für schöne Klänge.

Schon fallen Hemd und Hose
gar achtlos auf den Boden,
in uns brennt die Leidenschaft
als wilde, heiße Wollust.

Lange währt das Liebesspiel,
mal gewähre ich dir Gunst,
dann empfang ich deine Huld
im warmen Schein der Kerzen.

***

Einfach nur ‚Danke!'

Du bist für mich der größte Schatz,
den es auf dieser Erde gibt,
deine Liebe ist so wertvoll
wie eine große Kiste Gold.

Es gilt noch nicht als ganz normal,
dass sich Männer dürfen lieben,
doch wir haben uns gefunden,
trotzen allen Nachbarblicken.

Sind wir zusammen Hand in Hand
auf einem kleinen Spaziergang,
verfolgt uns gar so mancher Blick,
staunend, wütend, manchmal neidisch.

Anfangs ich hab mich nicht getraut
die Neigung allen zu zeigen,
doch du hast mir viel Mut gemacht,
dich vor allen zu mir bekannt.

Dafür ich dir sehr dankbar bin,

was meine Liebe noch verstärkt,

drum dank ich es mit Treue dir,

dazu auch noch mit Leidenschaft.

Doch ist mir das noch nicht genug,

drum sag an dieser Stelle ich

dir meinen allerliebsten Dank

für deine Liebe, deine Lust.

Danke!

***